I0803670

LOS SEATTLE SOUNDERS FC

Seattle Sounders FC se enfrentan a Minnesota United en St. Paul, Minnesota.

LOS SEATTLE SOUNDERS FC

ODISEAS

JIM WHITING / JASON OLSON

CREATIVE EDUCATION · CREATIVE PAPERBACKS

Publicado por Creative Education y Creative Paperbacks
P.O. Box 227, Mankato, Minnesota 56002
Creative Education y Creative Paperbacks
son sellos de The Creative Company
www.thecreativecompany.us

Diseño de Graham Morgan
Dirección artística de Tom Morgan
Editado por Aidan Whitcomb

Imágenes de Associated Press/Joshua Weisberg, 48, Mark Blinch, 60-61; flickr, King County, 4-5, 24; Getty Images/Alika Jenner, portada, Claus Andersen, 63, COLE BURSTON, 59, 75, Ed Zurga, 44, Harry How, 12, Icon Sports Wire , 29, JASON REDMOND , 70-71, Jim Bennett, 11, 66, Matthew Ashton - AMA, 6, Otto Greule Jr, 8-9, 51, 79, Robert Giroux, 34-35, Steph Chambers, 69, Victor Decolongon, 26; iStock/Christian Carroll, 14-15; Newscom/George Holland, 39, 52; Wikimedia Commons/Andy Witchger, 2, 56, 64, ArtBrom, 20, Miles Harris, 19, PCN02WPS, 30-31
Se ha hecho todo lo posible por contactar con los titulares de los derechos de autor del material reproducido en este libro. Cualquier omisión será rectificada en impresiones posteriores si se notifica al editor.

Library of Congress Cataloging-in-Publication Data
Names: Whiting, Jim, 1943- author. | Olson, Jason, 1981- author.
Title: Los Seattle Sounders FC / Jim Whiting, Jason Olson.
Other titles: Seattle Sounders FC. Spanish
Description: Mankato, Minnesota : Creative Education and Creative Paperbacks, 2025. | Series: Odysseys in sports. Campeones de fútbol | Includes index. | Audience: Ages 12-15 | Audience: Grades 7-9 | Summary: "Translated into North American Spanish, a sports history for teen readers of the American soccer club Seattle Sounders, highlighting the association football team's championship cups and the players who helped it achieve worldwide fame"-- Provided by publisher.
Identifiers: LCCN 2024026510 (print) | LCCN 2024026511 (ebook) | ISBN 9798889897910 (library binding) | ISBN 9781682778562 (paperback) | ISBN 9798889898030 (ebook)
Subjects: LCSH: Seattle Sounders FC (Soccer team)--History--Juvenile literature. | Soccer players--United States--Biography--Juvenile literature.
Classification: LCC GV943.6.S43 W5518 2025 (print) | LCC GV943.6.S43 (ebook) | DDC 796.334/6409797772--dc23/eng/20240709
LC record available at https://lccn.loc.gov/2024026510
LC ebook record available at https://lccn.loc.gov/2024026511

Impreso en China

El Kingdome y el horizonte de Seattle hacia 1978

Clint Dempsey

CONTENIDO

Introducción

El fútbol (o soccer, como se conoce en Estados Unidos) es un juego universal. Originario de Europa en el siglo XIX, se extendió rápidamente al resto del mundo. En la actualidad, casi todos los países tienen al menos una liga nacional con varias divisiones. La Fédération Internationale de Football Association (FIFA), entidad rector internacional del fútbol, está dividida en seis confederaciones.

ENFRENTE: Osvaldo Alonso, de Seattle Sounders FC, marca contra Chicago Fire durante la final de la Copa Abierta de Estados Unidos Lamar Hunt 2011, el 4 de octubre de 2011, en Seattle, Washington.

La Confederación de Norteamérica, Centroamérica y el Caribe de Fútbol (CONCACAF) regula el fútbol en el área geográfica de su título.

Cuenta con 41 miembros. México, Canadá y Estados Unidos pertenecen a la zona norteamericana. Siete miembros están en la zona centroamericana, y los 31 restantes en el Caribe.

En Estados Unidos, la principal liga es la Major League Soccer (MLS), que comenzó a disputarse en 1996 con 10 equipos. En 2024, la liga contaba con 29 equipos, divididos en las Conferencias Este y Oeste. Los equipos de la MLS compiten por varios trofeos, incluida la nueva Copa de la Liga. La primera vez que se otorgó fue en 2023, cuando Inter Miami se impuso a Nashville por 2-1 en las penales. A diferencia de la mayoría de las demás ligas de fútbol—en las que el campeón se determina por los puntos obtenidos a lo largo de la temporada—el ganador de la Copa MLS se decide en las eliminatorias que siguen a la temporada

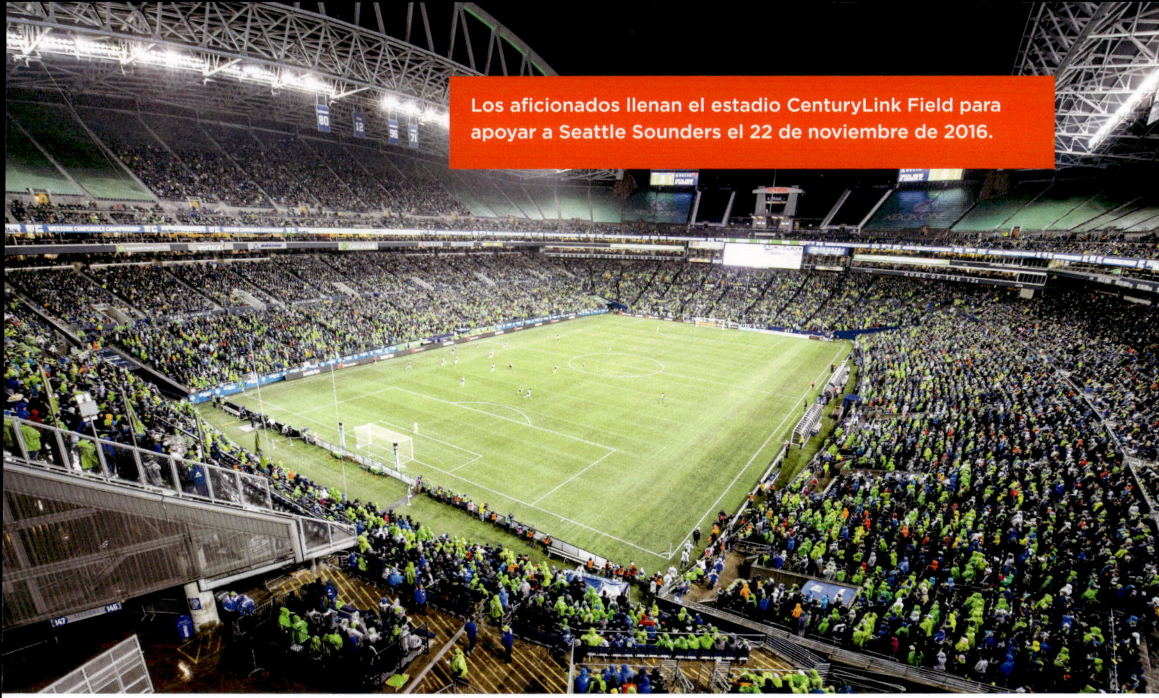

Los aficionados llenan el estadio CenturyLink Field para apoyar a Seattle Sounders el 22 de noviembre de 2016.

regular. El formato cambió en 2023 con partidos de comodín a un solo partido antes de una serie al mejor de tres rondas. Las semifinales y finales de conferencia se disputan a un partido antes de la final de la Copa MLS. El equipo con el mejor registro de la temporada regular recibe el Supporters' Shield. Sin embargo, la Copa MLS se considera el trofeo más codiciado por los equipos de la MLS.

Estados Unidos también tiene una copa nacional. Ha pasado por varios cambios de nombre desde su fundación en 1913 y actualmente se llama la Copa Abierta de Estados Unidos Lamar Hunt. La Copa Abierta permite a los equipos más pequeños competir contra los más grandes. Los clubes

Finales de la Conferencia Oeste, 2016

aficionados disputan las rondas iniciales de la Copa Abierta, a las que se unen más tarde las franquicias profesionales. Se celebran tres rondas iniciales en marzo y abril, antes de la final, en septiembre. Piense en un equipo de béisbol de una liga menor, como los Toledo Mud Hens, jugando un partido del torneo contra los St. Louis Cardinals. Houston Dynamo derrotó al Inter Miami por 2-1 para hacerse con la Copa 2023, en la que probablemente sea la última edición en la que participen todos los clubes de la MLS. Estuvo abierta a todos los clubes profesionales y aficionados de fútbol masculino bajo el paraguas del fútbol EE.UU. hasta diciembre de 2023, cuando la MLS expresó su intención de eliminar la participación de sus primeros equipos senior, permitiendo en su lugar que los equipos de la MLS NEXT PRO siguieran jugando. Los equipos MLS NEXT PRO son esencialmente los equipos juveniles de todos los primeros equipos sénior de la MLS. Sólo ocho primeros equipos senior de la MLS compitieron en la Copa Abierta EE.UU. 2024, y el resto optó por utilizar sus equipos MLS NEXT PRO.

En la CONCACAF, la competición más prestigiosa es la Copa de Campeones de la CONCACAF (CCC). Fundada en 1962 como la Copa de Campeones, adoptó un nombre diferente, Liga de Campeones de la CONCACAF, en 2008-23. La CCC reúne a 27 de los equipos más poderosos de la confederación en un formato de eliminatoria única a dos partidos. Con 38 títulos, los equipos mexicanos han dominado históricamente la competición. El resto de países de la CONCACAF juntos sólo tienen 20. Tres equipos de la MLS la han ganado: D.C. United (1998), L.A. Galaxy (2000) y Seattle Sounders FC (2022).

Llevando la MLS a la Ciudad Esmeralda

En cierto sentido, los orígenes de Seattle Sounders FC se remontan a los Seattle Seahawks de la Liga Nacional de Fútbol Americano (NFL). A mediados de la década de 1990, mucho antes de la época en que el equipo disputaba la Super Bowl, los Seahawks atravesaban dificultades. El propietario del equipo, Ken Behring, era muy impopular en Seattle.

ENFRENTE: El horizonte de Seattle está dominado por la famosa Space Needle.

Para empeorar las cosas, al parecer había ordenado a los directivos del equipo que pasaran por alto a Brett Favre en el draft de la NFL de 1991 en favor de Dan McGwire. Favre terminaría su carrera en el Salón de la Fama con 508 pases de touchdown, mientras que McGwire sólo consiguió 2.

Ahora Behring quería trasladar el equipo a Anaheim, California. Según una leyenda local, los camiones de mudanzas habían llegado hasta la sede del equipo y estaban listos para empezar a cargar el equipo.

Entre los motivos que Behring alegó para mudarse estaba el hecho de que el Kingdome—donde los Seahawks jugaban sus partidos como locales—era susceptible de sufrir terremotos. Pero Anaheim no estaba lejos de la tristemente célebre falla de San Andrés, una de las zonas más famosas y propensas a terremotos del mundo.

Para quedarse en Seattle, el equipo necesitaba un salvador. Resultó ser Paul Allen, cofundador de Microsoft y uno de los hombres más ricos del mundo. Allen aceptó comprar el equipo y mantenerlo en Seattle con una condición: el Kingdome tenía que desaparecer. El destartalado estadio cubierto se había construido a bajo precio en 1976. Allen insistió en sustituirlo por un estadio al aire libre. Pondría parte del dinero y pediría a los votantes que aprobaran el resto. Incluso se ofreció a pagar unas elecciones estatales especiales.

Allen sabía que su plan para un nuevo estadio sería difícil de vender. Los votantes aún estaban furiosos por los resultados de unas elecciones similares celebradas en 1995. El voto popular había negado a los Seattle Mariners fondos públicos para un nuevo estadio. La legislatura del estado de Washington anuló esa votación y modificó los impuestos para financiar lo que se convertiría en el Safeco Field.

Para ganar las elecciones especiales en un ambiente que él consideraba hostil, Allen apeló a los padres y madres futbolistas, especialmente en el área metropolitana de Seattle. Prometió que el estadio también se utilizaría para jugar al fútbol. Los defensores del estadio recorrieron todo el estado hablando con las ligas de fútbol. La medida se aprobó por menos del

Interior del Qwest Field durante un partido de Seattle Sounders FC

dos por ciento. Todos coincidieron después en que el voto del fútbol había marcado la diferencia.

Con la seguridad de que el estadio se construiría, Allen compró los Seahawks. El Qwest Field (posteriormente rebautizado CenturyLink Field y ahora Lumen Field) se inauguró en 2004. Tres años después, Seattle obtuvo una franquicia de la MLS. La liga había empezado a jugar en 1996 con 10 equipos. El equipo de Seattle comenzaría a jugar en 2009 en la Conferencia Oeste de lo que entonces era una liga de 15 equipos.

En 2008, el año anterior a la inauguración del equipo de fútbol, los aficionados al deporte local fueron "agasajados" con el peor año de la historia deportiva de Seattle. Comenzó en marzo. El equipo masculino de baloncesto de los Huskies de la Universidad de Washington terminó 16-16. Ese registro en la temporada regular les "valió" ser cabeza de serie en la edición inaugural del College Basketball Invitational. Incluso con la ventaja de jugar en casa, los Huskies fueron eliminados del torneo de tercera categoría en la primera ronda.

Cuatro meses después, los Seattle SuperSonics se trasladaron a Oklahoma City tras 40 años en la Ciudad Esmeralda. A finales de septiembre, los Seattle Mariners se convirtieron en el primer equipo de la Major League Baseball en perder

100 partidos con una nómina de $100 millones. Al llegar a la última serie de la temporada, tenían el peor récord de la liga. (Pero luego barrieron a los Oakland A's para conseguir el segundo peor récord). Como resultado, los Mariners perdieron la oportunidad de reclutar al lanzador Stephen Strasburg. Estaba considerado como uno de los mejores lanzadores de la historia. En su lugar, Seattle eligió al jugador de campo Dustin Ackley. Resultó ser un fracaso.

Ese otoño, el equipo de fútbol americano de los Huskies perdió los 12 partidos de la temporada regular, muchos de ellos por marcadores abultados. Tres semanas más tarde, los Seattle Seahawks perdieron su último partido de la temporada, con un balance de 4-12. La única compensación fue la cuarta elección global en el draft de la NFL del año siguiente. Como colofón a esa pésima temporada de 2008, los Seahawks desperdiciaron su elección en el linebacker

Seattle Sounders FC, que jugó su primer partido de la MLS en 2009, tomó su nombre de un antiguo equipo también llamado Seattle Sounders.

Aaron Curry. Curry resultó ser uno de los mayores fracasos de la historia de la NFL. Los aficionados al deporte de Seattle estaban desesperados por un ganador. ¿Podría lograrlo la nueva franquicia de fútbol?

Al entrar en la MLS en 2009, Seattle necesitaba encontrar un apodo que los aficionados apoyaran. Las tres opciones sobre las que los aficionados podían votar, Alliance, Seattle FC y Republic, no calaron hondo. Organizada por los aficionados, una campaña por escrito impulsó la idea de mantener el apodo de los Sounders. La franquicia de la North American Soccer League (NASL) fue conocida como Seattle Sounders entre 1968 y 1984. El apodo siguió

Kasey Keller, Portero

Después de jugar durante 16 años en las mejores ligas europeas y 4 Copas del Mundo, Kasey Keller estaba listo para regresar a su Noroeste del Pacífico natal. Fue el segundo jugador fichado para la temporada inaugural del equipo. Cuando se retiró en 2011, había ayudado a los Sounders a ganar tres Copas Abiertas de Estados Unidos y a llegar a los playoffs cada temporada. En su última temporada, fue nombrado portero del año de la MLS. Cinco años después, fue finalista en la votación de los aficionados al mejor portero de la historia de la MLS. Perdió ante Nick Rimando, que ostenta casi todos los récords de porteros de la MLS. En la actualidad, Keller es comentarista en las retransmisiones radiofónicas del equipo.

vinculado a la franquicia de fútbol masculino de Seattle durante su estancia en la American Professional Soccer League (APSL) y la United Soccer League (USL).

Adrian Hanauer, uno de los copropietarios de la nueva franquicia de la MLS que también era propietario del equipo de la USL, se dio cuenta de la situación en la que se encontraban. Acogió con satisfacción el movimiento para denominar al club de la MLS Seattle Sounders. "El equipo que juega al más alto nivel en nuestra región siempre se ha llamado Sounders. Ahora tenemos la oportunidad de crear una identidad propia y diferenciada con este nuevo equipo de la MLS", afirmó.

Dado que la cercana Microsoft tiene su hogar en la zona, era natural que Microsoft se convirtiera en el codiciado patrocinador del **equipamiento**, permitiendo que el logotipo de Xbox 360, la principal consola de videojuegos del momento, figurara en la parte delantera de los uniformes de Seattle Sounders.

El equipo recurrió al mediocampista Sébastien Le Toux como primer fichaje. Al Jugador Más Valioso (MVP) de la Primera División de la USL en 2007 se unió a Kasey Keller, natural de Olympia y portero de la selección nacional de Estados Unidos. Keller, una de las grandes figuras de todos los tiempos del programa nacional, se mostró entusiasmado por regresar a casa en lo que serían las tres últimas temporadas de su carrera profesional. Además de ser cuatro veces participante en la Copa Mundial de la FIFA, fue el primer portero estadounidense en convertirse en titular en la Premier League inglesa, la Bundesliga alemana y la Liga española. "Vuelvo a casa para ayudar a los Sounders a ganar, para ayudar a los Sounders a establecerse como una de las mejores franquicias del país", dijo. Otra de las claves fue la incorporación de Brad Evans, que viene de disputar la Copa MLS 2008 con Columbus. El director técnico Chris Henderson explicó que Evans fue un jugador muy interesante para incorporar desde el principio.

Brad Evans

LUME
FIELD
EQC

Los Sounders empiezan a jugar

El 19 de marzo de 2009, Sound Wave, la banda de música del equipo, condujo a los aficionados por el centro de Seattle hasta el Lumen Field para el partido inaugural de los Sounders. El Lumen Field proporciona a Seattle una ventaja única como local, gracias a la energía creada por la tradicional marcha al estadio antes de cada partido, que se sigue haciendo hoy en día.

ENFRENTE: Lumen Field en Seattle durante un partido entre Seattle Sounders FC y FC Dallas el 15 de julio de 2023.

En el partido inaugural, la pasión por el club fue muy fuerte, ya que más de 22.000 abonados, así como más de 10.000 aficionados adicionales, marcaron la pauta, agotando el aforo de la grada inferior en la configuración de asientos diseñada para el fútbol.

"Creo que es importante que el ambiente siga siendo el que es", declaró Gary Wright, directivo del equipo, al explicar la decisión de no utilizar el Lumen Field, con capacidad para 68.000 personas, para los partidos de los Sounders. "Si abriéramos todo el estadio, no tendríamos la misma energía ni la misma sensación, porque habría muchos asientos vacíos... Nuestro objetivo desde el principio era... hacer que tantos aficionados clamaran tanto que tuviéramos que abrir todo el estadio".

En ese primer partido, el público entusiasta vio cómo los Sounders pisoteaban 3-0 a los Red Bulls de Nueva

York. El delantero Fredy Montero marcó el primer gol de la historia del equipo en el minuto 12, que le valió el Gol de la Semana de la MLS. Asistió en el segundo gol y volvió a marcar al final del partido para asegurar la victoria. Gracias a esa actuación, Montero fue nombrado Jugador del Mes de Marzo de la MLS.

Se convirtió en una temporada de superlativos. En julio, el equipo recibió a Chelsea FC de la Premier League inglesa ante más de 65.000 aficionados. Pocas semanas después, FC Barcelona atrajo a casi 67.000 espectadores. Aunque los Sounders perdieron los dos partidos, el equipo rindió bien contra los grandes de Europa. Después, el 2 de septiembre, una

2009 Seattle Sounders

XBOX 360
LIVE
21

victoria por 2-1 sobre D.C. United convirtió a los Sounders en el segundo **equipo de expansión** de la historia de la MLS en ganar la Copa Abierta EE.UU. Cuando terminó la temporada regular en octubre, Seattle se convirtió en el segundo equipo de expansión en llegar a las eliminatorias en su primera temporada. "Creo que es un gran comienzo para la franquicia", declaró el copropietario Joe Roth.

Los aficionados establecieron un nuevo récord de asistencia a la MLS, con una media de casi 31.000 por partido. Más de 10.000 por delante del segundo clasificado, LA Galaxy. Y marcó la pauta para el futuro. Seattle siempre ha encabezado las cifras de asistencia de la liga. Según el club, promediaron casi 43.000 aficionados por partido entre 2013 y 18, más que clubes como el mexicano Club América, los italianos AC Milan y Juventus, y los ingleses Tottenham y Chelsea. Según el Centro Internacional de Estudios del Deporte (CIES), un centro de estudios independiente de Suiza, los Sounders son el 29º club con mayor asistencia de público del mundo.

El éxito sostenido de Seattle no tiene parangón, ya que se convirtió en el primer equipo de la MLS en clasificarse para las eliminatorias cada año desde 2009 hasta 2022, una racha de 13 temporadas consecutivas que se tradujo en siete participaciones en la Liga de Campeones de la CONCACAF. Seattle se convirtió en el primer club de fuera de México en ganar el formato actual de la Liga de Campeones de la CONCACAF, que se remonta a 2008-09. Los Sounders se convirtieron en el primer club de la MLS en ganar una de las ocho ligas regionales de clubes de la FIFA y avanzar al Campeonato Mundial de Clubes de la FIFA.

Después de abrir la temporada 2010 con una victoria por 2-0 sobre Philadelphia Union, Seattle perdió ocho de sus siguientes 14 partidos. Sin embargo, se recuperó y ganó 10 de los últimos 15 encuentros, con un balance final de 14-10-6 puntos. Eso le valió el cuarto puesto de la Conferencia Oeste. Los Sounders perdieron 3-1 en el **global** contra LA Galaxy en las semifinales de conferencia. A principios de año, Seattle ganó la ronda preliminar de la Liga de Campeones de la CONCACAF, pero pasó apuros en la fase de grupos. Sólo ganó uno de seis partidos.

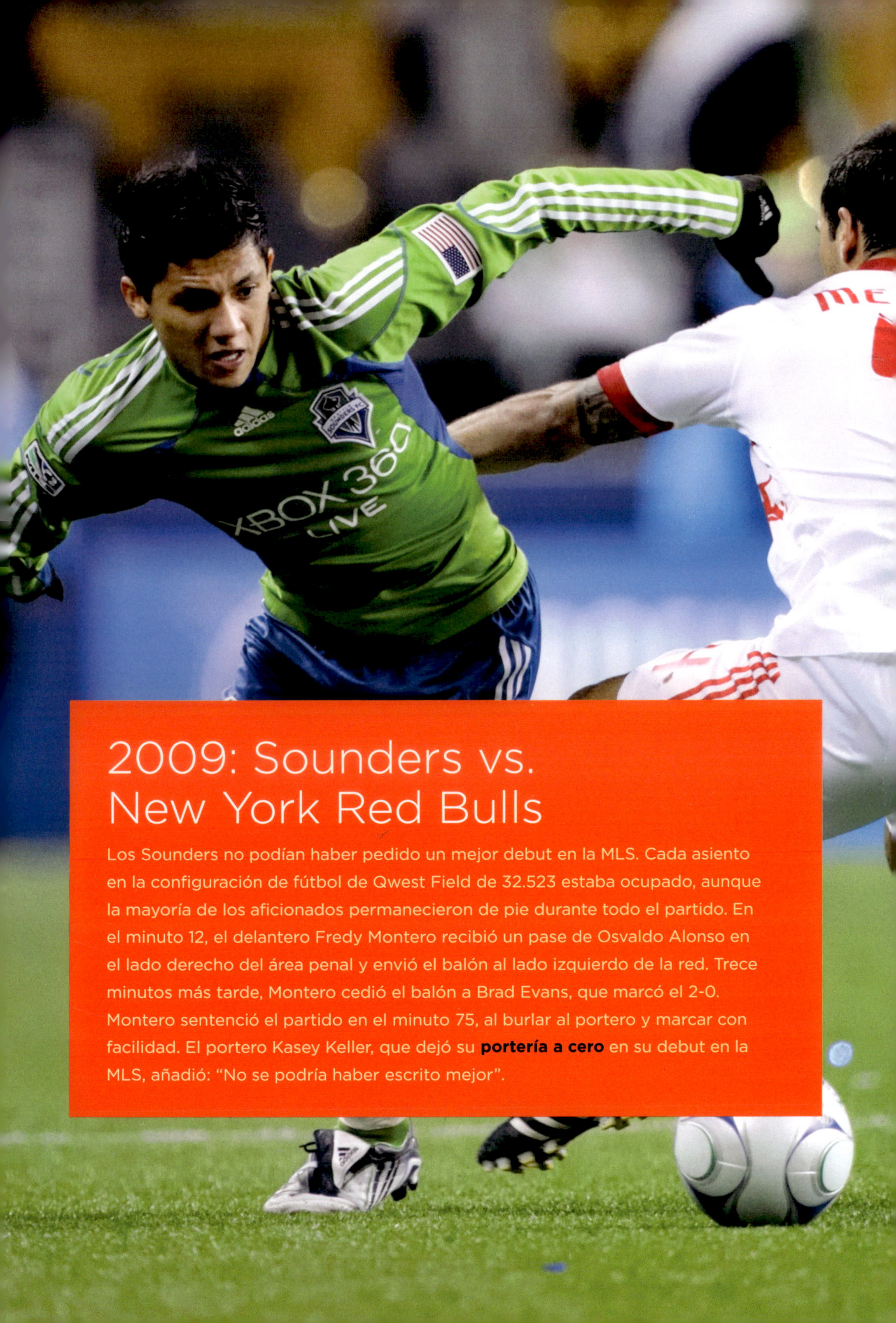

2009: Sounders vs. New York Red Bulls

Los Sounders no podían haber pedido un mejor debut en la MLS. Cada asiento en la configuración de fútbol de Qwest Field de 32.523 estaba ocupado, aunque la mayoría de los aficionados permanecieron de pie durante todo el partido. En el minuto 12, el delantero Fredy Montero recibió un pase de Osvaldo Alonso en el lado derecho del área penal y envió el balón al lado izquierdo de la red. Trece minutos más tarde, Montero cedió el balón a Brad Evans, que marcó el 2-0. Montero sentenció el partido en el minuto 75, al burlar al portero y marcar con facilidad. El portero Kasey Keller, que dejó su **portería a cero** en su debut en la MLS, añadió: "No se podría haber escrito mejor".

La historia fue muy distinta en la Copa Abierta de Estados Unidos. Seattle derrotó a su eterno rival, Portland Timbers, a LA Galaxy y a Chivas USA para pasar a la final contra Columbus Crew SC. El 2-1 de los Sounders los convirtió en el primer equipo que repite como campeón en casi 30 años. Sanna Nyassi marcó los dos goles de Seattle. Curiosamente, Nyassi llevaba casi dos temporadas en la MLS sin marcar. Con un gol tres días antes en un partido de la temporada regular de la MLS, ya llevaba tres en sólo dos partidos. Una vez más, los aficionados de Seattle demostraron su compromiso con el fútbol. Más de 31.000 aficionados abarrotaron el Qwest Field para presenciar el partido, estableciendo un nuevo récord de asistencia a la Copa Abierta.

Los Sounders sólo ganaron cuatro de sus 13 primeros partidos en 2011. Luego se recuperaron con una racha de nueve partidos invictos. La marca final de 18-7-9 fue la segunda mejor de la liga esa temporada. El extremo Mauro Rosales fue nombrado Mejor Jugador Revelación de la liga. Pero Seattle encajó tres goles ante Real Salt Lake en el primer partido de las semifinales de la Conferencia Oeste. En casa sólo pudieron marcar dos, y perdieron por un global de 3-2.

Una vez más, la historia fue diferente en la Copa Abierta de Estados Unidos. Montero y Osvaldo Alonso marcaron para los Sounders en la victoria por 2-0 sobre Chicago Fire ante 35.615 aficionados, récord de la final. Era la primera vez que un equipo ganaba la Copa Abierta de Estados Unidos tres veces seguidas desde

Greek American AA de Nueva York en 1967, 68 y 69. El partido también sirvió para despedir a lo grande al portero Kasey Keller, que se retiraba, al alzar su tercer trofeo en tres años con el club. Al equipo también le fue mejor en la Liga de Campeones. Superó la fase de grupos al convertirse en el segundo equipo de la MLS que gana un partido en México, al dejar fuera a CF Monterrey por 1-0.

La temporada 2011 también marcó el debut en la MLS de la Copa Cascadia. La Copa Cascadia enfrenta a los Sounders y a los también equipos del noroeste del Pacífico Portland Timbers y Vancouver Whitecaps FC. Los tres equipos tienen una larga y algo polémica historia que se remonta a sus respectivas épocas en la NASL. El torneo en sí se remonta a 2004 y a la era de la USL. "Cualquier otra rivalidad en esta liga ha sido en cierto modo una rivalidad creada", declaró el entonces entrenador de Seattle, Sigi

Fredy Montero, Delantero

Máximo goleador histórico de Seattle, Montero, delantero colombiano, ha marcado 76 goles en dos etapas en el club, con siete años de diferencia. En su primera temporada en 2009, Montero fue nombrado Jugador Revelación del Año de la MLS, con 13 goles en 33 partidos. Sumó 60 goles en 160 partidos durante sus primeros cuatro años con Seattle. En 2011, fue galardonado con el premio al Jugador del Torneo de la Copa Abierta de Estados Unidos tras marcar tres goles en los tres últimos partidos del torneo. Tras su primera etapa en Seattle, jugó en Portugal, en China y en Vancouver, donde marcó 26 goles en 81 partidos, antes de regresar a Seattle en 2021.

Schmid. "Esta rivalidad tiene historia. Ha estado ahí los últimos 30 años o más, y eso la convierte en la mejor rivalidad de la liga." Seattle ganó dos veces y empató otros dos partidos para hacerse con la Copa Cascadia.

Los Sounders lograron dos hitos en 2012. Tras acabar terceros en la Conferencia Oeste, el equipo avanzó por primera vez a las finales de conferencia. Sin embargo, LA Galaxy se impuso en casa por 3-0 y logró un triunfo global de 4-2.

Seattle también se clasificó para la fase final de la Copa Abierta de Estados Unidos por cuarto año consecutivo, dominando la competición por un margen de 15-2. Una victoria contra Sporting de Kansas City les convertiría en

Zach Scott

el primer equipo que gana cuatro títulos seguidos en los 99 años de historia de la Copa. "Sólo la oportunidad no es suficiente para nosotros", dijo Brad Evans. "Lo queremos, así que hagamos historia".

Al final del tiempo reglamentario, Sporting KC marcó de penal tras una mano accidental de un defensa de Seattle dentro del área. Zach Scott igualó el marcador instantes después al rematar de cabeza un tiro libre de Rosales. El empate continuó en la prórroga, por lo que el partido se fue a los lanzamientos penales. Cada equipo falló dos de los cuatro primeros. El portero de Seattle, Michael Gspurning, detuvo el quinto intento de Kansas City, pero el árbitro dictaminó que se había salido de su línea. Hubo que repetir el lanzamiento. Kansas City convirtió fácilmente la segunda oportunidad. El chut final de Seattle se fue alto, y su oportunidad de hacer historia fue denegada.

Seattle firma a una superestrella

Para los estándares de los Sounders, 2013 fue quizás una de sus temporadas menos exitosas. Perdieron en semifinales de las eliminatorias de la MLS contra Portland y fueron eliminados relativamente pronto en la Copa Abierta de Estados Unidos por Tampa Bay Rowdies de la NASL. Por otro lado, derrotaron a Tigres UANL de México en los cuartos de final de la Liga de Campeones de la CONCACAF 2012-13. Pero cayeron ante Santos Laguna, también de México, por 2-1 en el global de las semifinales.

Quizá la mayor noticia de la temporada fue el fichaje a mitad de temporada del superestrella estadounidense Clint Dempsey. "Al hacer algo de esta magnitud teníamos que asegurarnos de contar con el jugador adecuado. Clint Dempsey encaja en ese molde", declaró Adrian Hanauer. "Clint es un ganador probado, un líder y un competidor que creemos que elevará el listón de esta organización dentro y fuera del campo". Dempsey comentó: "Después de haber jugado recientemente en Seattle con la selección nacional, he vivido de primera mano el increíble ambiente y la pasión de los aficionados. Será un honor representar a la afición en Seattle". Dempsey se unió al delantero Obafemi Martins, que había fichado por el equipo a principios de temporada, para dotar a Seattle de una de las mejores líneas de ataque de la liga.

Seattle Sounders FC se enfrenta a FC Dallas en una semifinal de la Conferencia Oeste el 10 de noviembre de 2014, en Seattle.

La incorporación de Dempsey y Martins contribuyó a que 2014 fuera la mejor temporada de Seattle en cuanto a trofeos. Los Sounders eliminaron a Philadelphia Union el 16 de septiembre para ganar la Copa Abierta de Estados Unidos. Tras encajar un gol en la primera parte, los Sounders empataron en la segunda. Dempsey les dio la ventaja en la prórroga, y Martins sentenció el título con un gol postrero. Una victoria por 3-2 sobre LA Galaxy en el último partido de la temporada dio a Seattle el título de la Conferencia Oeste y el Supporters' Shield. En la Ciudad Esmeralda había muchas esperanzas puestas en la Copa de la MLS, sobre todo porque los Sounders eran el único equipo de la MLS que había ganado 20 partidos en la temporada regular. Derrotaron a FC Dallas en la primera ronda, pero luego perdieron contra su eterno rival, LA Galaxy. Chad Marshall fue nombrado Defensor del Año de la MLS. El equipo también estableció un récord histórico de asistencia media, con 44.247 espectadores.

Tras la temporada, Don Garber, comisionado de la MLS, declaró: "Seattle sorprendió a todo el mundo. Demostró al mundo que aquí, en la MLS, hay grandes experiencias que están sucediendo probablemente una década antes de lo que yo pensaba".

Como muestra de su "sorprendente" éxito, los directivos del equipo decidieron abrir todo el aforo del Lumen Field para varios partidos importantes de 2015. "Cada vez que nuestro club juega en casa, los aficionados de Sounders FC crean el ambiente más enérgico y único del fútbol norteamericano. Nuestros partidos a estadio lleno suben aún más el listón", dijo Hanauer.

Los Sounders terminaron la temporada de la MLS invictos en sus ocho últimos partidos, con una marca de 15-13-6. Pero tras superar a LA Galaxy en la ronda eliminatoria de torneo de

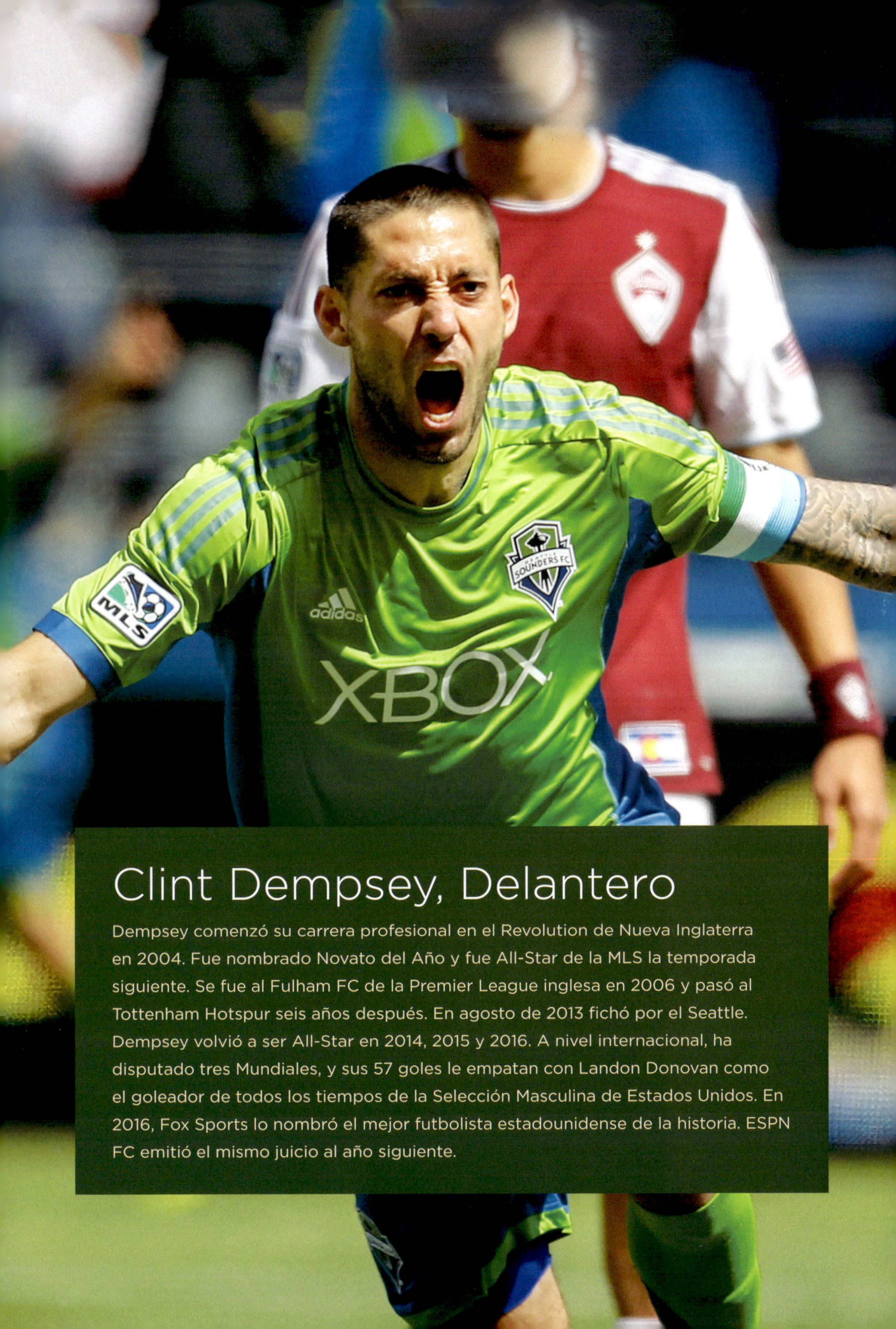

Clint Dempsey, Delantero

Dempsey comenzó su carrera profesional en el Revolution de Nueva Inglaterra en 2004. Fue nombrado Novato del Año y fue All-Star de la MLS la temporada siguiente. Se fue al Fulham FC de la Premier League inglesa en 2006 y pasó al Tottenham Hotspur seis años después. En agosto de 2013 fichó por el Seattle. Dempsey volvió a ser All-Star en 2014, 2015 y 2016. A nivel internacional, ha disputado tres Mundiales, y sus 57 goles le empatan con Landon Donovan como el goleador de todos los tiempos de la Selección Masculina de Estados Unidos. En 2016, Fox Sports lo nombró el mejor futbolista estadounidense de la historia. ESPN FC emitió el mismo juicio al año siguiente.

Steve Zakuani, de Seattle Sounders FC, en acción contra Toronto FC en el Qwest Field de Seattle el 2 de octubre de 2010.

conferencia, Seattle cayó ante FC Dallas en las semifinales. También perdió contra Portland en la primera ronda de la Copa Abierta de Estados Unidos. Un punto brillante fue la captura de la Copa Cascadia, ganando cuatro de sus seis partidos.

Como siempre, los aficionados de los Sounders tenían grandes esperanzas y grandes expectativas antes de la temporada 2016. Pero muchos quedaron sorprendidos y consternados por la aparentemente abrupta marcha de Martins al terminar el campo de entrenamiento. Firmó un lucrativo contrato con Shanghai Shenhua de la Superliga china. Su pérdida creó un agujero en la primera línea del equipo. Seattle perdió sus tres primeros partidos.

Bajo una inmensa presión para ayudar a llenar el hueco dejado por Martins, el novato Jordan Morris se quedó fuera en los cinco primeros partidos. Finalmente marcó en el sexto partido del equipo, una victoria por 2-1 sobre Filadelfia, y se convirtió en el Novato del Año de la MLS, estableciendo el récord de goles marcados (12) por un novato estadounidense. Los Sounders ganaron dos de sus tres siguientes partidos y se situaron con un balance de 4-4-1.

Pero las victorias fueron difíciles de conseguir. A finales de julio, los Sounders estaban hundidos en las profundidades de la clasificación de la MLS, con una marca de 6-12-2. En ese momento, el equipo despidió a Schmid, el único entrenador que había tenido. Su sustituto fue el segundo entrenador Brian Schmetzer. Había guiado al equipo Sounders de la USL a dos campeonatos en siete años.

Tras empatar en su primer partido con Schmetzer al timón, el equipo parecía destinado a una nueva derrota cuando Orlando City SC marcó un gol tempranero. "Era un momento fácil para bajar la cabeza y decir: 'Aquí vamos otra vez'", dijo el defensa Chad Marshall. "Pero no lo hicimos". Seattle remontó y logró una convincente victoria por 3-1. "Creo que fue entonces cuando vimos que todas las piezas encajaban", añadió Marshall. La continua mejora de Morris fue una de esas piezas. Quizá la más importante fue la llegada de Nicolás Lodeiro. Lodeiro unió fuerzas con Dempsey para liderar el ataque. Tras sólo cuatro partidos como titulares, la pareja sumó seis goles y cinco asistencias.

Luego, los Sounders tuvieron que lidiar con más mala fortuna. A finales de agosto, a Dempsey se le diagnosticó un ritmo cardíaco irregular y quedó fuera de combate durante

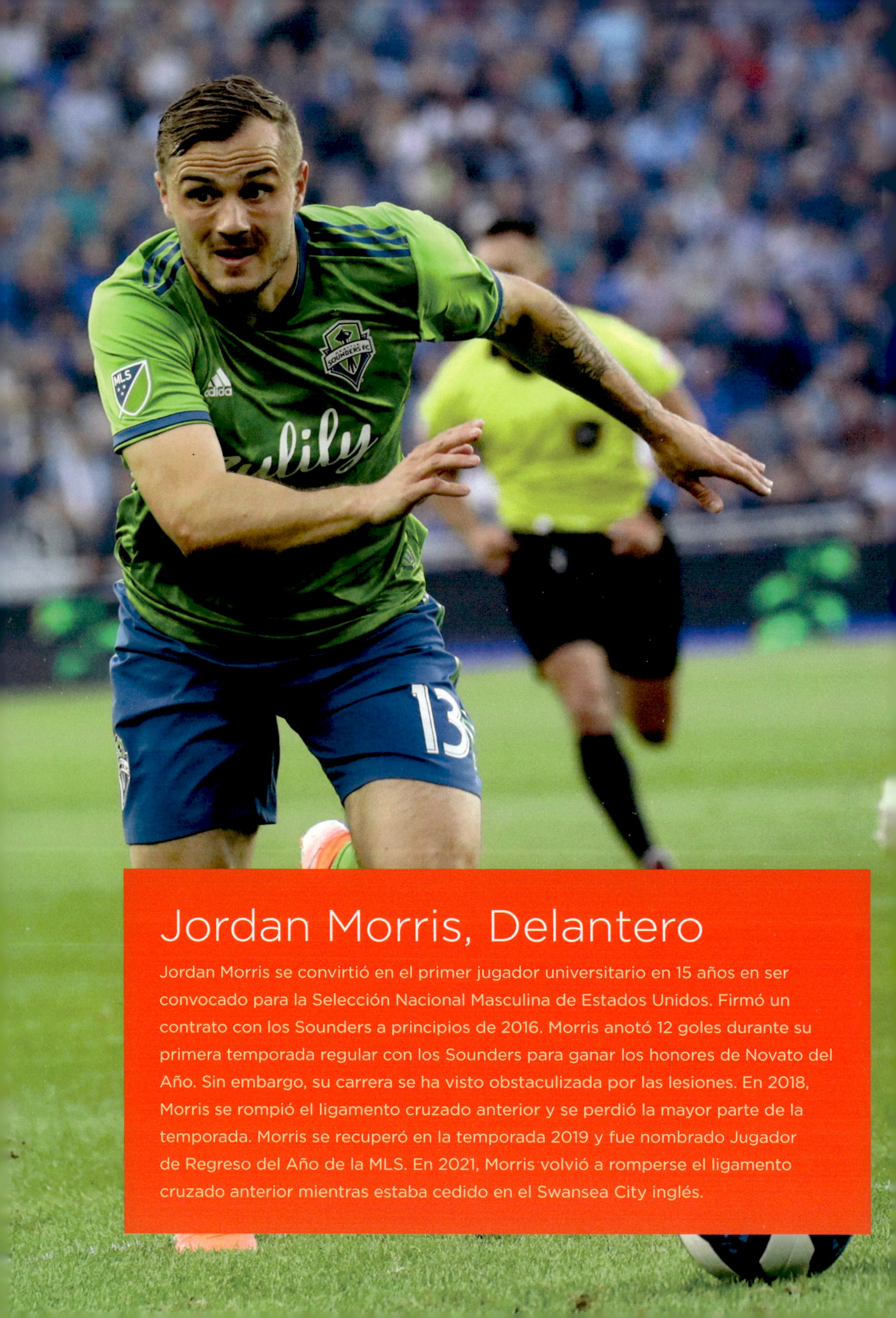

Jordan Morris, Delantero

Jordan Morris se convirtió en el primer jugador universitario en 15 años en ser convocado para la Selección Nacional Masculina de Estados Unidos. Firmó un contrato con los Sounders a principios de 2016. Morris anotó 12 goles durante su primera temporada regular con los Sounders para ganar los honores de Novato del Año. Sin embargo, su carrera se ha visto obstaculizada por las lesiones. En 2018, Morris se rompió el ligamento cruzado anterior y se perdió la mayor parte de la temporada. Morris se recuperó en la temporada 2019 y fue nombrado Jugador de Regreso del Año de la MLS. En 2021, Morris volvió a romperse el ligamento cruzado anterior mientras estaba cedido en el Swansea City inglés.

el resto de la temporada. De alguna manera, el equipo se reagrupó y ganó cinco de sus últimos siete partidos para meterse en las eliminatorias. Bajo la dirección de Schmetzer, el equipo había cosechado un balance de 8-2-4. A ello contribuyó el regreso del defensa Román Torres tras una lesión. "Cuando Román Torres volvió, nos dio una presencia más dominante en cuanto a su físico y lo que aporta junto a Chad [Marshall] como pareja de centrales", dijo Dempsey.

La buena racha continuó en las eliminatorias. Seattle se impuso a Sporting KC por 1-0 en la ronda eliminatoria, superó a FC Dallas en semifinales y se deshizo de Colorado Rapids por un global de 3-1 para ganar el título de la Conferencia Oeste. Por

“HA SIDO UN AÑO DURO, PERO DEMUESTRA QUE EN ESTA LIGA PUEDE PASAR CUALQUIER COSA”.

primera vez en la historia del equipo, los Sounders jugarían por la Copa de la MLS.

Aunque el viento que silbaba a través del lago Ontario convirtió el BMO Field de Toronto en un frigorífico y los Sounders no pudieron hacer casi nada en ataque, ganaron en los lanzamientos de penal. “Ha sido un año duro, pero demuestra que en esta liga puede pasar cualquier cosa”, dijo Hanauer. “Puedes hacer una carrera a mitad de temporada y llegar a lo más alto en el momento adecuado...

Los Sounders celebran una victoria en la Copa MLS en 2016.

Nos pusimos en posición de ganarla ocho años seguidos, y éste era nuestro año".

No fue del todo "su año" para los Sounders en la Copa Cascadia. En el final más igualado de la historia de la Copa Cascadia, cada equipo ganó tres partidos y perdió tres. Vancouver tenía un **diferencial** positivo de un gol, mientras que Portland estaba empatado y Seattle tenía uno negativo. Vancouver ganó la copa.

XBOX
13

Alcanzando la cima

Los Sounders esperaban repetir título en 2017, especialmente con Dempsey autorizado para volver. Pero a pesar de carecer de las lesiones de pretemporada del año anterior, las cosas empezaron aún más lentas. El equipo solo sumó dos victorias en los primeros 11 partidos. "Sabes que tienes un objetivo en la espalda después de que el equipo ganara la Copa MLS", dijo Dempsey.

ENFRENTE: Jordan Morris de Seattle Sounders FC patea el balón durante un partido de la MLS contra Toronto FC el 2 de julio de 2016, en Toronto.

"Se trata de usarlo como motivación y saber que vas a recibir lo mejor de tus rivales". Se reagruparon e iniciaron una racha de 13 partidos sin perder, récord del equipo, el 21 de junio. Finalmente terminó el 23 de septiembre.

Lo mismo puede decirse de la temporada 2018, ya que Morris se perdió por una lesión en el LCA durante unos cuartos de final de la Liga de Campeones de la CONCACAF a principios. Los Sounders perdieron nueve de sus primeros 15 partidos y se encontraban en la parte inferior de la **tabla** en junio. El **periodo del traspaso** de agosto llegó en el momento perfecto, ya que Seattle incorporó al gran delantero peruano de todos los tiempos Raúl Ruidíaz como **jugador designado**. Con Ruidíaz en la delantera, Seattle encadenó una larga racha de victorias para clasificarse para las eliminatorias y prolongó la racha una temporada más. Ocho victorias consecutivas establecieron un nuevo récord de la MLS en la era posterior a las eliminatorias para dispararse en la clasificación. Los

El portero Stefan Frei, de Seattle Sounders FC, detiene un lanzamiento de penal durante la final de la Copa MLS 2016 contra Toronto FC el 10 de diciembre de 2016, en Toronto.

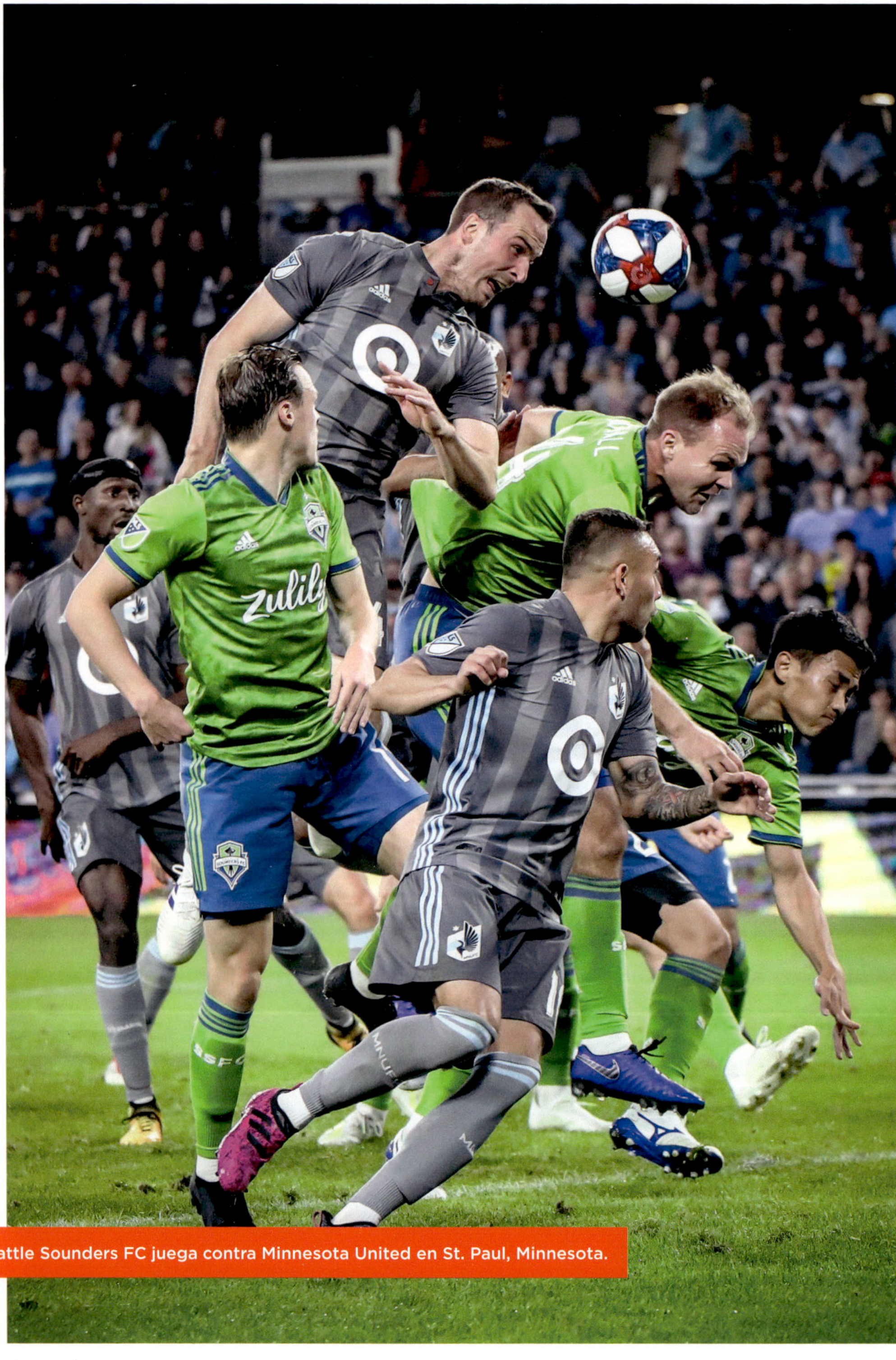

Seattle Sounders FC juega contra Minnesota United en St. Paul, Minnesota.

Sounders terminaron segundos en la Conferencia Oeste con un balance de 18-11-5, y ganaron 14 de sus últimos 16 partidos para establecer otro récord de la liga. Tristemente, el propietario minoritario Paul Allen falleció por complicaciones relacionadas con un linfoma no Hodgkin el 15 de octubre de 2018. Con el corazón encogido, Seattle se enfrentó a su rival Portland en las semifinales de conferencia, perdiendo finalmente el global de dos partidos en una tanda de penales por 4-2.

En 2019, Seattle dejó libre a su capitán de toda la vida, Osvaldo Alonso, que estaba en la plantilla de la temporada inaugural, y perdió al defensa Chad Marshall, que se retiró en mayo de ese año. Román Torres se perdió 10 partidos en agosto tras salir positivo por una sustancia para mejorar el rendimiento. Los Sounders lograron terminar segundos en el Oeste y cuartos en la general, lo que les clasificó para la

Seattle recibió a Toronto FC en la final de la Copa MLS, ganando su segundo título en 2019.

Liga de Campeones de la CONCACAF 2020.

Con un triplete de Jordan Morris, Jugador del Año de la MLS, Seattle se impuso a FC Dallas por 4-3 en el primer partido de las eliminatorias, antes de vencer con contundencia a Real Salt Lake y a LAFC (3-1), ganador del Supporters' Shield. Seattle recibió a Toronto FC en la final de la Copa MLS, en la que ambos equipos se enfrentaron por tercera vez en cuatro años. Los Sounders se impusieron por 3-1 y lograron su segundo título ante otro récord de asistencia (69.274 espectadores) en el entonces llamado CenturyLink Field.

Tras perder de nuevo los cuartos de final de la Liga de Campeones de la CONCACAF en 2020, esta vez en la tanda de penales ante C.D. Olympia (4-4 en el global), Seattle disputó dos partidos antes de que la pandemia del COVID-19 detuviera todos los encuentros de liga. La temporada se reanudó con un Torneo MLS is Back, en el que todos los partidos se disputaron en Orlando (Florida). Seattle obtuvo un 1-1-1 en la fase de grupos, antes de perder por 4-1 en cuartos de final ante el LAFC.

Los equipos volvieron a casa tras el torneo, pero jugaron sin público y con menos desplazamientos que en una temporada normal. Seattle alcanzó su duodécima eliminatoria consecutiva, terminando segundo en el Oeste, antes de que las victorias sobre LAFC y FC Dallas establecieran una final de conferencia contra Minnesota Loons, que habían fichado a Alonso. Minnesota se adelantó por 2-0 en la segunda parte, pero Seattle remontó con tres goles en los últimos 18 minutos y completó una remontada milagrosa. Columbus Crew echó a perder las esperanzas de Seattle de conseguir un tercer título por 3-0 en el Mapfre Stadium en la que fue la última final de la historia de la liga, el 12 de diciembre.

En 2021, Seattle volvió a batir récords, ya que el equipo encadenó una racha de 13 partidos sin perder a pesar de no poder contar con varios jugadores clave, como Morris, Ruidíaz, Nicolás Lodeiro y el portero Stefan Frei, debido a lesiones de larga duración. El entrenador Brian Schmetzer atribuyó al cambio a una formación 3-5-2 el

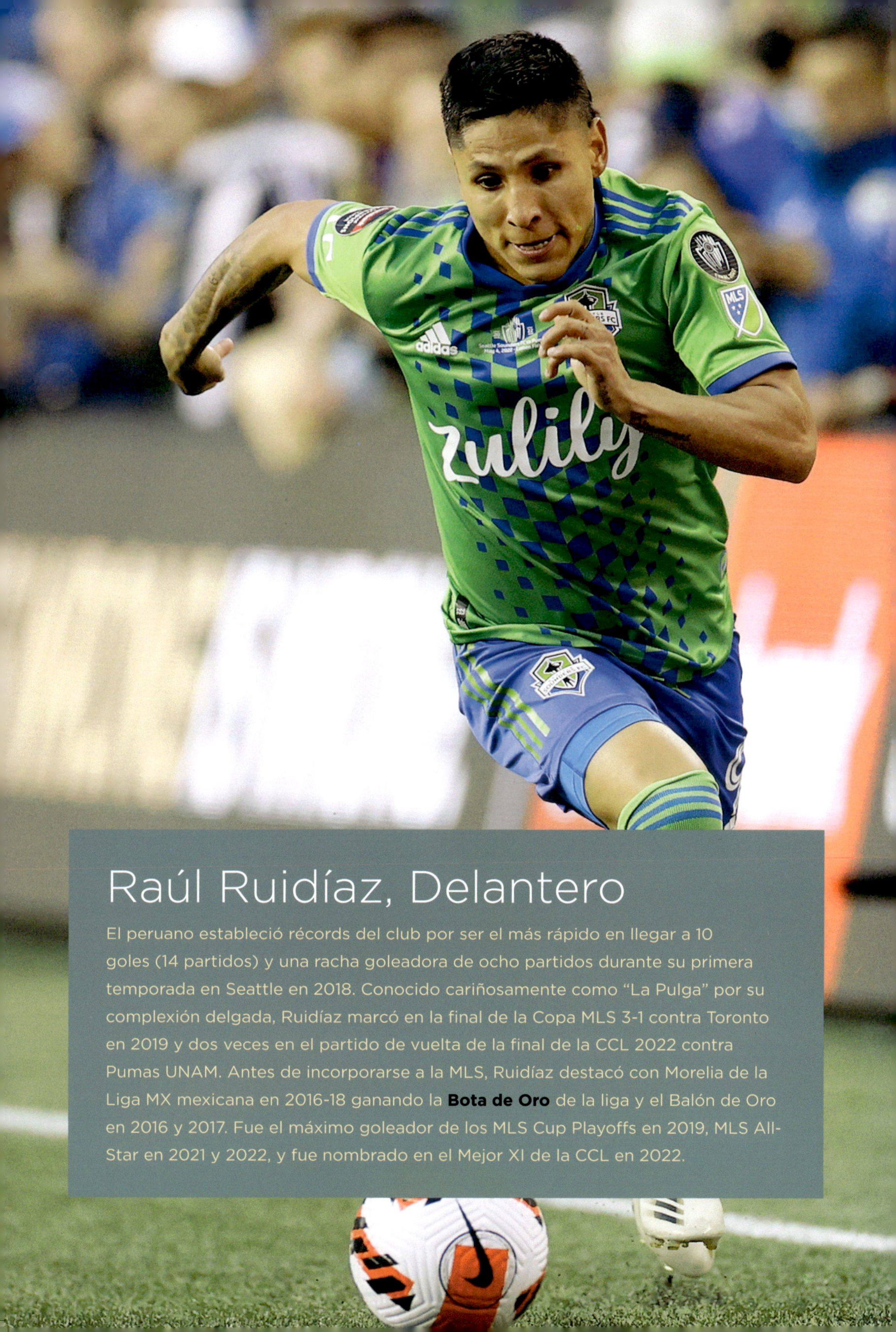

Raúl Ruidíaz, Delantero

El peruano estableció récords del club por ser el más rápido en llegar a 10 goles (14 partidos) y una racha goleadora de ocho partidos durante su primera temporada en Seattle en 2018. Conocido cariñosamente como "La Pulga" por su complexión delgada, Ruidíaz marcó en la final de la Copa MLS 3-1 contra Toronto en 2019 y dos veces en el partido de vuelta de la final de la CCL 2022 contra Pumas UNAM. Antes de incorporarse a la MLS, Ruidíaz destacó con Morelia de la Liga MX mexicana en 2016-18 ganando la **Bota de Oro** de la liga y el Balón de Oro en 2016 y 2017. Fue el máximo goleador de los MLS Cup Playoffs en 2019, MLS All-Star en 2021 y 2022, y fue nombrado en el Mejor XI de la CCL en 2022.

Zulily
10
PUMAS
BRIDGESTONE

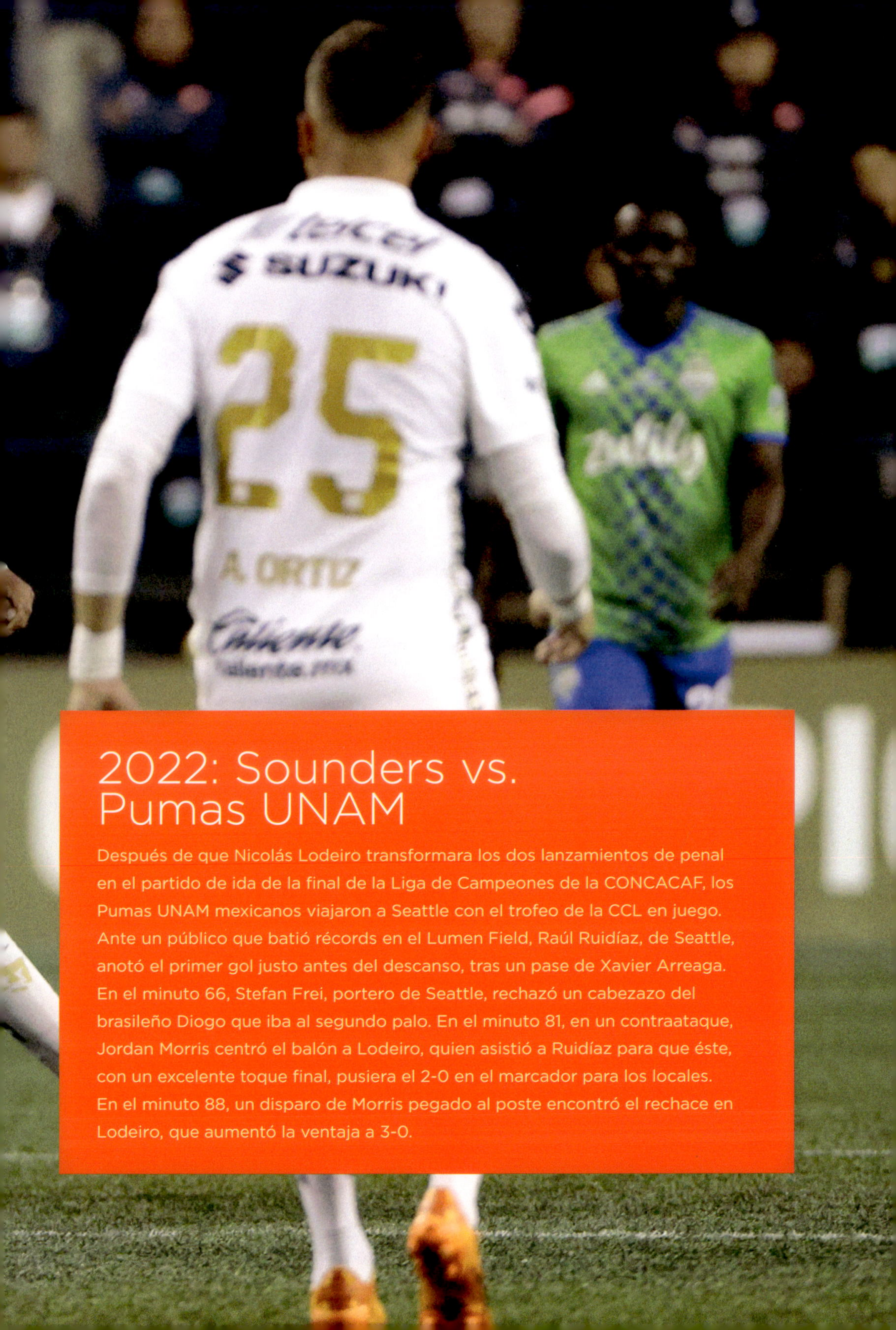

2022: Sounders vs. Pumas UNAM

Después de que Nicolás Lodeiro transformara los dos lanzamientos de penal en el partido de ida de la final de la Liga de Campeones de la CONCACAF, los Pumas UNAM mexicanos viajaron a Seattle con el trofeo de la CCL en juego. Ante un público que batió récords en el Lumen Field, Raúl Ruidíaz, de Seattle, anotó el primer gol justo antes del descanso, tras un pase de Xavier Arreaga. En el minuto 66, Stefan Frei, portero de Seattle, rechazó un cabezazo del brasileño Diogo que iba al segundo palo. En el minuto 81, en un contraataque, Jordan Morris centró el balón a Lodeiro, quien asistió a Ruidíaz para que éste, con un excelente toque final, pusiera el 2-0 en el marcador para los locales. En el minuto 88, un disparo de Morris pegado al poste encontró el rechace en Lodeiro, que aumentó la ventaja a 3-0.

haber contribuido a encajar sólo ocho goles durante la racha.

Los Sounders añadieron otra fase final a la vitrina de trofeos, al perder el título de la Copa de la Liga ante Club León por 3-2 en Las Vegas. La Copa de las Ligas enfrentó a clubes de la MLS contra clubes de la Liga MX.

Pero en 2022-23, Seattle se convirtió en el primer club de la MLS en ganar la Liga de Campeones de la CONCACAF de 16 equipos, compuesta por los primeros clasificados de las distintas ligas nacionales de la CONCACAF. Esos campeones de club avanzaron a la Copa Mundial de Clubes de la FIFA.

Seattle se clasificó para la Liga de Campeones como club de la MLS con mejor rendimiento, ocupando el lugar de un campeón de la Copa Abierta de Estados Unidos, ya que ese torneo se canceló debido a la pandemia del año anterior. Seattle fue una fuerza a tener en cuenta en casa, derrotando a FC Motagua hondureño por 5-0 en el partido de vuelta de los octavos de final disputado en el estadio Lumen, tras un partido de ida sin goles. Seattle y Club León se enfrentaron en la revancha de la final de la Copa de la Liga. En esta ocasión, Seattle se impuso en casa por 3-0 en el partido de ida y empató a 1-1 a domicilio, con lo que se clasificó para semifinales. Seattle se enfrentó a New York City FC, que volvió a ganar en casa por 3-1 en la ida y empató a 1-1 a domicilio para pasar a la final. El club mexicano Pumas UNAM fue el rival en la final, ya que ambos empataron 2-2 en México en el partido de ida, lo que estableció una final a vida o muerte en el Lumen. Lodeiro transformó dos penales para los visitantes. Sabiendo lo que estaba en juego, los fieles de la Ciudad Esmeralda acudieron (68.741, un récord en la competición) y los Sounders se impusieron a los Pumas por 3-0 y 5-2 en el global, proclamándose campeones de la Liga de Campeones de la CONCACAF.

Cuatro clubes de la MLS antes que los Sounders habían llegado a la final pero no pudieron imponerse en la Liga de Campeones de la CONCACAF, mientras que los clubes mexicanos ganaron todos los títulos de la CONCACAF desde 2006. D.C. United en 1998 y LA Galaxy en 2000 fueron los únicos equipos de la MLS que ganaron un título de CONCACAF de cualquier tipo.

Seattle Sounders FC ha sido una de las mejores historias de éxito, no sólo en el fútbol, sino en todo el deporte profesional. La combinación de un sólido accionariado, jugadores excepcionales como Clint Dempsey y Jordan Morris, y una de las aficiones más entregadas, los convierten en una franquicia modelo a imitar.

Seattle Sounders FC celebran su victoria en la final de la Copa MLS ante Toronto FC el 10 de diciembre de 2016, en Toronto.

Bibliografía seleccionada

Dempsey, Luke. *Club Soccer 101: The Essential Guide to the Stars, Stats, and Stories of 101 of the Greatest Teams in the World.* Nueva York: W.W. Norton, 2014.

Gastineau, Mike. *Sounders FC, Authentic Masterpiece: The Inside Story of the Best Franchise Launch in American Sports History.* North Charleston, S.C.: CreateSpace Independent Publishing Platform, 2013.

Goldblatt, David, y Johnny Acton. *The Soccer Book: The Sport, the Teams, the Tactics, the Cups*. 3ª ed. Nueva York: DK, 2014.

Morrison, Richard, y Chad Mack. *Seattle Sounders FC: Season One: The Birth of a New Tradition*. Seattle, Wash. Sasquatch Books, 2010.

Murray, Caitlin. "There's never been a comeback like the Seattle Sounders' in MLS". *Fox Sports*. 14 de diciembre de 2016.

Parker, Graham. "The U.S. Open Cup: A Quiet Century of Soccer History". *Al Jazeera America*, 1 de octubre de 2013. http://america.aljazeera.com/articles/2013/10/1/the-us-open-cup-aquietcenturyofsoccerhistory.html.

Glosario

Bota de Oro — un premio otorgado al máximo goleador de una competición

diferencial — la diferencia de goles marcados frente a los goles encajados, que es uno de los criterios utilizados para deshacer un empate en la tabla

equipamiento — la camiseta y el resto de ropa que un jugador lleva en un partido

equipo de expansión — un nuevo equipo añadido a una liga existente

global — el número total de goles que cada equipo ha marcado en una serie de partidos

jugador designado — un jugador cuyo salario puede superar el tope máximo, concedido por una regla especial de la MLS que permite a los equipos fichar hasta tres jugadores

periodo del traspaso — periodo fuera de temporada en el que los equipos pueden comprar y vender jugadores

portería a cero — cuando un portero o un equipo no encaja ningún gol en un partido, similar a un shutout en béisbol

tabla — otro término para clasificación, en la que los equipos se clasifican en función de su rendimiento durante la temporada

Páginas web

Seattle Sounders - 03-19-09 - Gol de Fredy Montero

https://www.youtube.com/watch?v=42BHAzJnbts

Fredy Montero marca el primer gol de los Sounders en el primer partido del equipo en 2009.

Seattle Sounders FC

https://www.soundersfc.com/

Consulta el calendario de los Sounders y las noticias del equipo.

Stefan Frei hace "La parada" sobre Jozy Alditore en la final de la Copa MLS

https://www.youtube.com/watch?v=igBBNMzsiYA

Varias imágenes de la que algunos consideran la mejor parada de la historia de la MLS.

Sanna Nyassi

Índice